你好啊，小诗词

④收拾秋冬意

王迎新◎编著
霜　豪◎绘

中国铁道出版社有限公司
CHINA RAILWAY PUBLISHING HOUSE CO., LTD.

[使用说明]

9 类 88 种汉字结构
和语文配套的硬笔楷书
全方位的练习指导
与诗文紧密结合

注释
给多音字、生僻字注音
为难字释义

16 类 200 首经典古诗词
硬笔楷书，大字展示
更方便抄诗、临摹
诗词涵盖中小学生必背诗词
及优秀的课外诗词

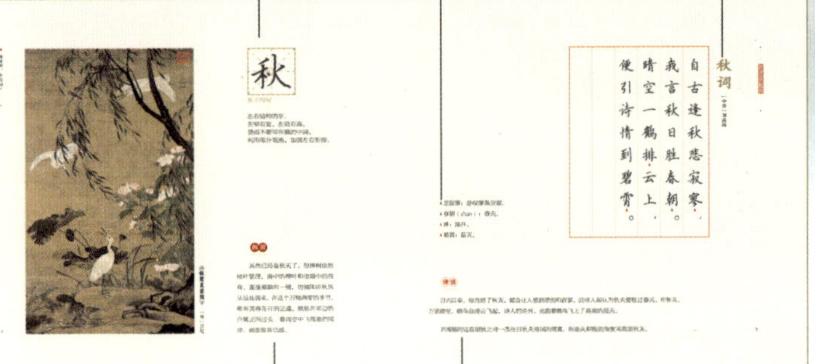

画赏
读诗赏画
培养审美

诗说
尊重诗词原意
解读诗境，注释浅显易懂

小诗词知识
了解诗人创作背景
感受古代文人生活
学习诗词分类知识

[书法常识]

坐姿

开始做诗抄，首先要有一个正确的坐姿。好的书写姿势，既可以提升专注力，又可以让身体更放松，还可以提高抄诗的速度，达到事半功倍的效果。

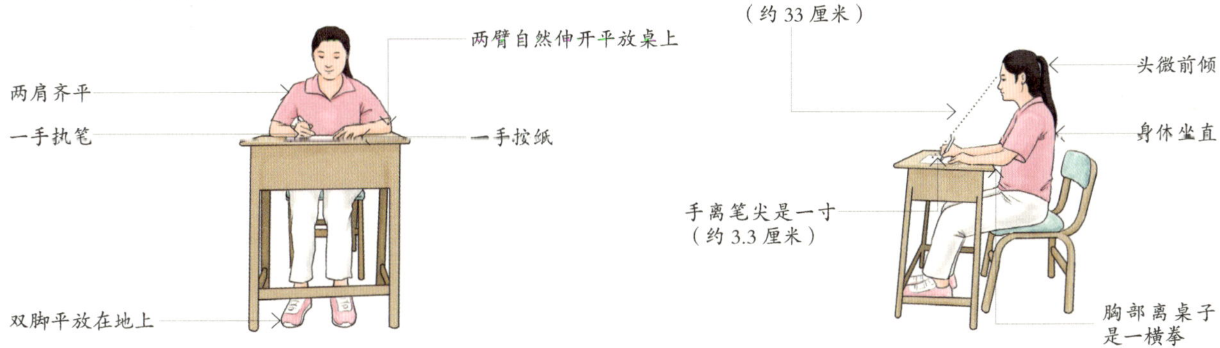

正确的书写姿势

握姿

抄写诗的过程需要手指和手腕的配合，“两面三点执笔法”能有效地调动它们的灵活性，①②两面捏住笔，③④⑤为支撑点。

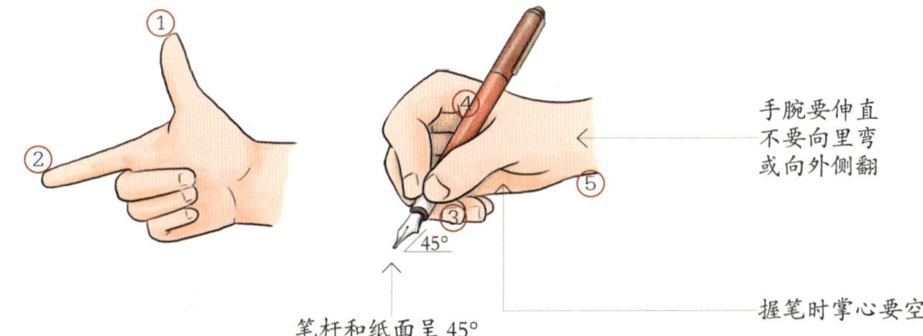

心态

抄诗时要心平气和，不能过分追求速度，导致越写越急，越急写得越潦草。

善于发现抄诗的乐趣，养成一种“乐而知之”的良好心态。

每天可以安排 5~15 分钟抄诗，需保证抄诗的质量，不要追求数量。

选笔

笔尖坚硬的书写工具，都被称为“硬笔”。可根据不同学段选用铅笔、中性笔、钢笔等抄诗工具，笔杆应粗细相宜。不建议选择自动笔和圆珠笔进行练字。

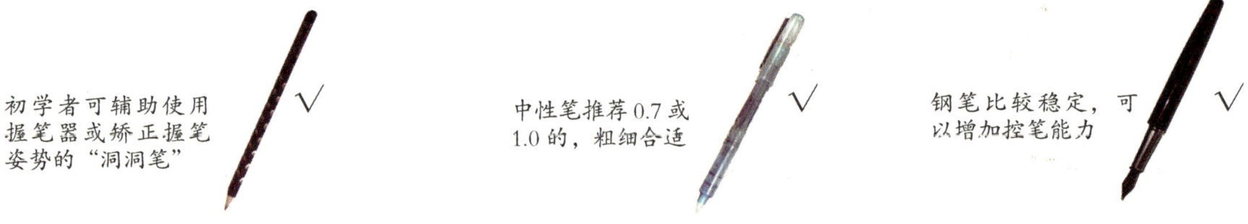

选帖

在挑选临摹字帖时，建议根据个人的喜好选帖。将水平较高的字帖，放在一起对比。

当代一些比较优秀的书法家，他们风格都各不相同，有清秀别致、严谨规范的，也有潇洒飘逸、激励奔放的。选择自己最喜欢的字帖临摹。荀子曰“好一则博”，初学书法，要先专一，方能博学。选好一本字帖，要专心致志练下来，不能朝三暮四，待一本字帖临摹熟了，才可更换字帖，博采众长。

读帖

在临帖之前要仔细观察字的结构、布局、笔画、笔法等，古人称之为“读帖”。

临帖

临帖是照着字帖上的字，通过自己练习去了解书法的技法和规律，是学习书法的最有效方法。学习的重点从笔画到结构再到章法，循序渐进。

笔画：一个笔画怎么写

结构：一个字怎么写

汉字分为上下、左右、半包围、独体字等结构，结构虽然多样，但还是有规律可循。这里不赘述，正文“练字指导”版块里，有详解。

练字指导版块的解释

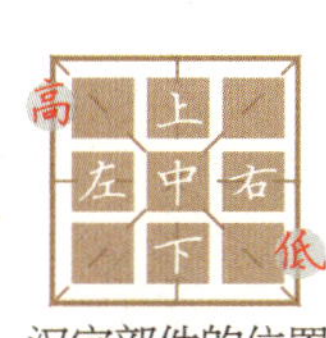

汉字部件的位置

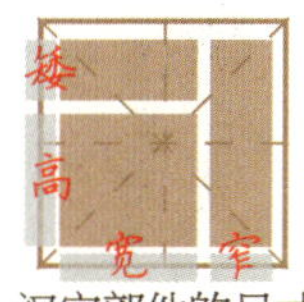

汉字部件的尺寸

章法：一首诗怎么写

特点

整齐划一：字与字、行与行之间等距，保持整齐但不呆板。

多样统一：在和谐统一的关系中注入多样性、变化性，不应该忽略每个字的细节。

形式

横写法：字序从左到右，行序从上到下，首行空两格，字间加标点。

竖写法：字序从上到下，行序从右到左，是较为传统的书写方式。

练字指导索引

手机扫描二维码，即可观看书法课程。

目录

秋

冬

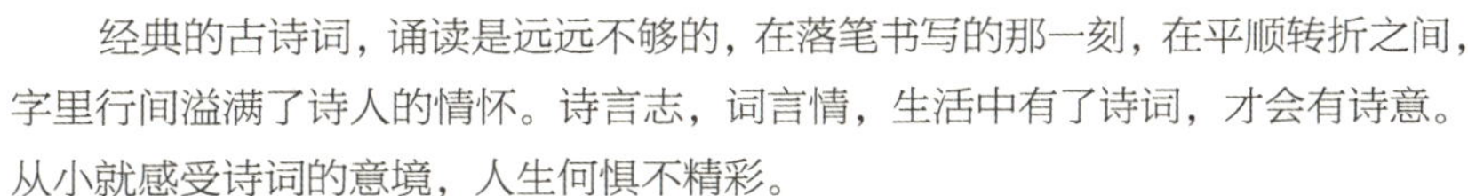

经典的古诗词，诵读是远远不够的，在落笔书写的那一刻，在平顺转折之间，字里行间溢满了诗人的情怀。诗言志，词言情，生活中有了诗词，才会有诗意。从小就感受诗词的意境，人生何惧不精彩。

这本《收拾秋冬意》分册中，我们选择了 18 首诗词，并根据诗意分为秋、冬两个主题，引导读者赏析诗词，抄写诗词，理解诗意，感受诗境。

古诗词快速记忆技巧

熟读后，书写三遍。

第一遍，描：用自干笔在本书诗词上直接描。

第二遍，抄：在田字格本子上抄，每句只看一次。

第三遍，默：尝试独立默写整首诗。

（每个主题的诗词按照难度由低到高排序）

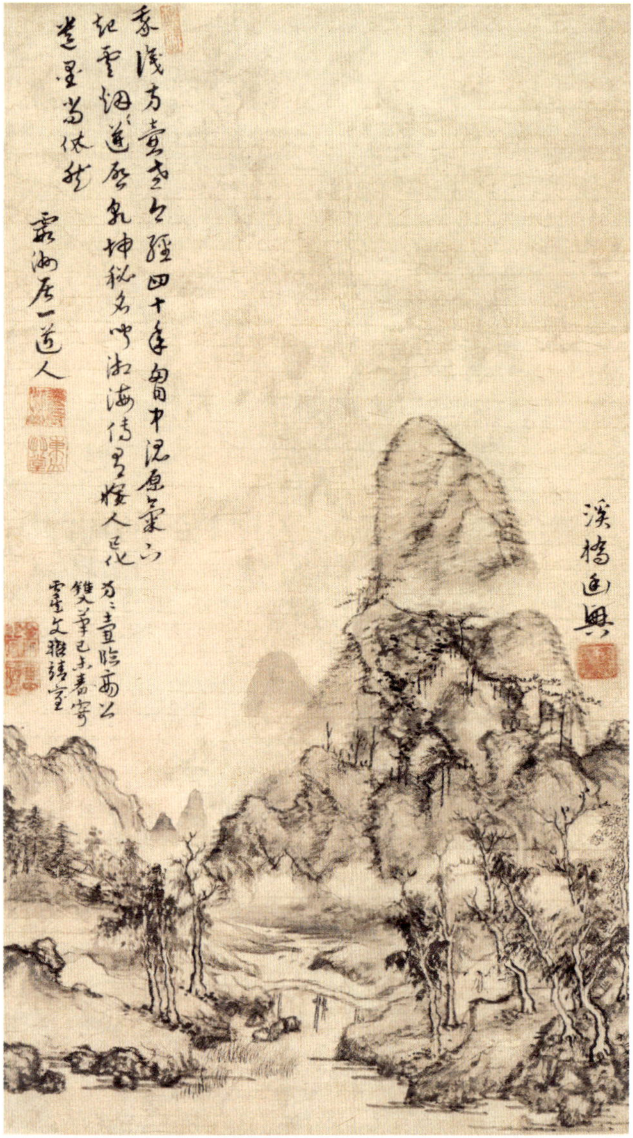

《溪桥幽兴图》〔元〕方从义

练字指导

左右结构的字。
左窄右宽，左小右大，
右边为半包围结构，
撇画舒展，
两竖上下对正，
上部较为紧凑，下部舒展。

画中云雾缭绕，高山耸立，笔墨浓淡适宜，虚实结合。溪水从山间流淌，草桥横跨，林中茅舍隐隐，一人策杖前行，溪边树木萧瑟。整幅画的意境静谧，深邃幽远。

天净沙·秋思

［元］马致远

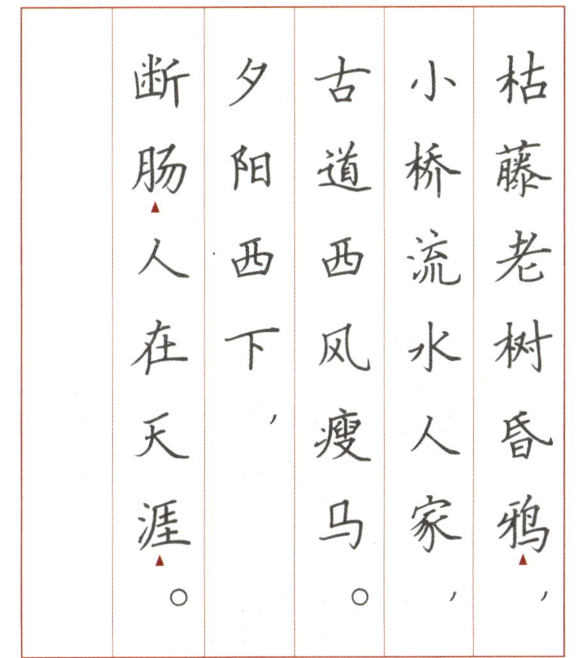

▲天净沙·秋思：元代散曲；天净沙，曲牌名。

▲昏鸦：黄昏时将要回巢的乌鸦。

▲断肠：形容悲伤到极点。

▲天涯：天边，指远离家乡的地方。

黄昏的时候，乌鸦在天空中飞翔，小桥下流水潺（chán）潺，桥边的人家炊烟袅（niǎo）袅。古道上有一匹瘦弱的马，在西风中艰难前行。夕阳已经在西面落下了，在凄凉的秋色里，只有漂泊的旅人还在天涯四处为家。

秋天是容易让人伤感的季节，这首诗中枯藤老树和断肠人的形象，更让人感受到这个季节特有的萧瑟。

《仿古山水册》【明】蓝瑛

练字指导

上中下结构的字。
中窄上下宽，
上部撇中间写横画，
中间日字不要写太长，
下部撇收捺放。

秋天的树林中笼罩着雾气，一人身着白袍，在溪边行走着，背影略显孤寂。溪边的古木已经被秋天染红了，远处隐隐约约可以看见雾气笼罩下的房屋。从画卷中飘出了一缕乡愁的味道。

秋思

〔中唐〕张籍

洛阳城里见秋风，
欲作家书意万重。
复恐匆匆说不尽，
行人临发又开封。

▲意万重：心思非常多。

▲复恐：又恐怕。

▲行人：指送信的人。

▲临：将要。

▲开封：拆开已经封好的家书。

洛阳城里又吹起了萧瑟的秋风，诗人想给家人写一封信，可是要说的话实在太多，不知道从何下笔。写好了信，又很担心因为匆忙而没有写全自己想说的话。捎信的人要出发了，诗人又拆开了信封，仔细检查了一番。

在外的游子会在什么时节最为思念遥远的家乡和亲人呢？可能在萧瑟冷寂的秋日里，游子的思乡之情是最浓厚的。

《秋山行旅图》［元］佚名

练字指导

半包围结构的字。
右上包左下，
起笔横中间略微向上弯，
横竖笔画等距，
左下口不宜写扁，要写得比较方。

画中近处树木环绕，林木掩映间依稀可见些许亭台楼阁。远处奇峰突兀，山势巍峨，山腰中隐隐现有寺观，一股山泉从高山中注入江河之中，一叶孤舟从远处缓缓驶来。

山居秋暝

【盛唐】王维

空山新雨后，
天气晚来秋。
明月松间照，
清泉石上流。
竹喧归浣女，
莲动下渔舟。
随意春芳歇，
王孙自可留。

▲暝（míng）：日落，天色将晚。▲竹喧：竹林中笑语喧哗。▲浣（huàn）女：洗衣物的姑娘。
▲歇：尽。▲王孙：原指贵族子弟，后来也泛指隐居的人，这里指诗人自己。

空旷的群山被一场新落下的雨水洗礼后，变得明亮爽利。夜晚渐渐降临，凉爽的空气让诗人仿佛置身于秋日。皎洁的月光透过松林间的缝隙洒落下来，清澈的泉水在石头上潺潺流淌。听，竹林间有了喧嚣声，那是洗衣服的姑娘们回来的声音，亭亭玉立的荷叶分别向两边拨开，渔船划破了荷塘月色的宁静。春天的美景就让它随意消逝吧，眼前这秋日里的风景让诗人足够可以久留了。

《秋鹭芙蓉图》［明］吕纪

练字指导

左右结构的字。
左窄右宽，左低右高，
竖画不要写在横的中间，
利用部分笔画，加强左右衔接。

虽然已经是秋天了，但柳树依然枝叶繁茂，画中的柳叶和池塘中的残荷、莲蓬都飘向一侧，仿佛阵阵秋风从远处袭来。在这个万物凋零的季节，唯有芙蓉花开的正盛，栖息在岸边的白鹭正回过头，看向空中飞翔着的同伴，画面极具动感。

秋词

【中唐】刘禹锡

▲悲寂寥：悲叹萧条空寂。

▲春朝（zhāo）：春天。

▲排：推开。

▲碧霄：蓝天。

自古以来，每当到了秋天，都会让人感到悲伤和寂寥。但诗人却认为秋天要胜过春天。在秋天，万里晴空，鹤鸟会凌云飞起，诗人的诗兴，也跟着鹤鸟飞上了高高的蓝天。

刘禹锡的这首颂秋之诗一改往日秋天诗词的落寞，而是从积极的角度来歌颂秋天。

《竹苞松茂图》【清】袁江

练字指导

左中右结构的字。
左中右等宽，
两边要收敛，向中间靠紧，
三部分要上下错开，高度不能一致。

画赏

这幅画画工精细，景物连贯一体，气势宏伟。远处的青山巍峨挺拔，近处的楼阁、屋宇被苍松茂竹所环抱，画家将雄伟壮阔的青绿山水与富丽堂皇的楼阁建筑恰到好处地融为一体，既精细入微，又大气磅礴。

天竺寺八月十五日夜桂子

【晚唐】皮日休

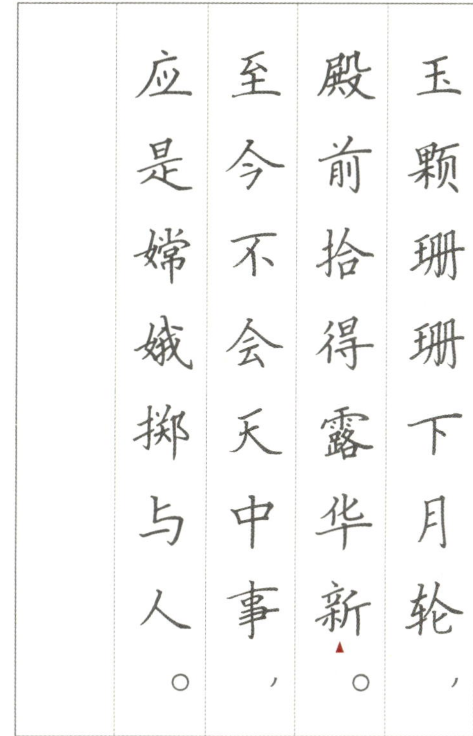

▲天竺寺：今称法镜寺，位于飞来峰山脚下。

▲桂子：指桂花。

▲露华新：桂花瓣带着露珠更显得湿润。

一颗颗桂花从天而降，好像是从月亮上掉下来似的。诗人将殿前的桂花拾起来，花瓣带着露水还很新鲜。他到现在也想不明白，为什么吴刚要砍倒天上的桂花树，这样美的桂花大概是嫦娥撒下来赠予众人的吧。

八月十五是赏月的时候，当你抬头仰望月亮的时候，会有怎样的遐想呢？

《红叶秋禽图》【明】蓝瑛

练字指导

上下结构的字。
上矮下高，上下同宽，
起笔横较短，
横钩不要写太长，
撇捺要伸展，
横折中横长，折稍短。

这是一幅色彩雅致的工笔画。深秋一棵古木，树干虬曲枯槁，枝头红叶稀疏，两只鸟儿立于枝头，羽翼蓬松。整幅画动静相宜，活泼有趣。

忆王孙·番阳彭氏小楼作

[南宋] 姜夔

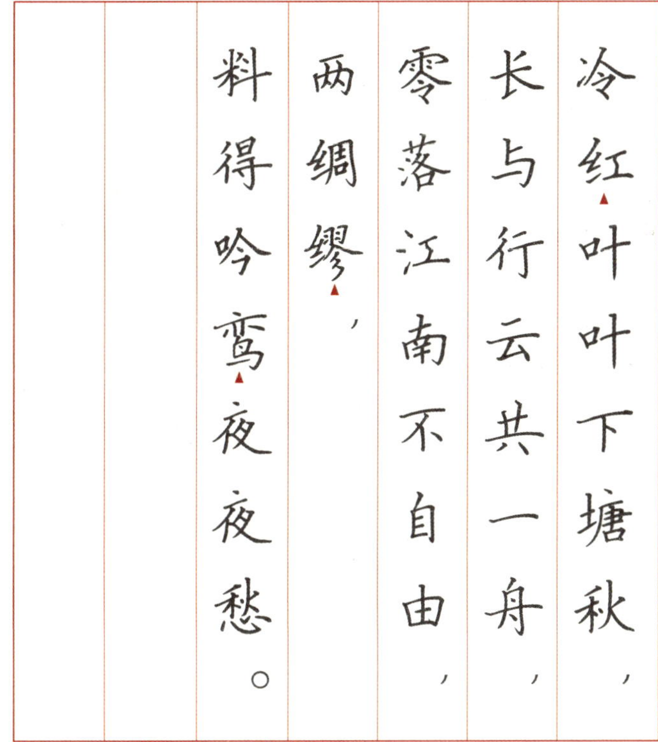

▲忆王孙：词牌名。

▲冷红：指枫叶。

▲绸缪（chóu móu）：紧密缠缚，指感情缠绵、深厚。

▲吟鸾：这里指诗人的妻子。

红色的枫叶飘落进秋天的池塘，诗人常常乘着小船和天边的云彩一起四处漂泊。会漂泊在这江南水乡，实在也是身不由己，无论感情上再如何恩爱、缠绵，远在他乡的妻子想必也是一夜一夜地思念着诗人。

秋天，是观赏枫叶的最好时节。满树红彤彤的枫叶，像是秋天带给人们的礼物。

词牌名知多少

小诗词知识

眼花缭乱的词牌名

词牌名是填词的曲调名，每个词牌名的旋律、节奏都是不一样的，每个名字都有来历。

忆江南又被称作“望江南”“梦江南”“江南好”等，唐朝音乐理论家段安节在《乐府杂录》中记载，这个词牌名最开始是太尉李德裕为亡姬谢秋娘所作，所以又叫《谢秋娘》。

菩萨蛮，是唐代教坊曲名，在唐五代时期十分流行，据说唐玄宗十分喜欢唱《菩萨蛮》。

如梦令，此调本名为《忆仙姿》，是五代后唐庄宗创作的，后面因嫌不雅，刚好他的词末尾句是“如梦、如梦，残月落花烟重。”因此改名为《如梦令》。

词牌名的规则

词是一种韵文，创作的时候必须押韵，要按照每一个词牌的规则：词牌中每一个字都规定了应该使用平声还是仄声。

《忆江南》白居易

江南好，	○⊙●
风景旧曾谙。	⊙●●○△
日出江南红似火。	⊙○⊙○○●●
春来江水绿如蓝。	⊙○⊙●●○△
能不忆江南？	⊙●●○△

○表示必须用平声字；

⊙表示既可以用平声，也可以仄声；

●表示必须用仄声字；

▲表示用仄声韵；

△表示用平声韵。

《丹霞山十六景册》［明］萧云从

▲清：凄清。

▲明：明朗。

▲忆：回忆。

▲绊：牵绊，牵挂。

这幅画描绘了丹霞山的胜景，在陡峭高耸的崖壁边，有屋宇数间，房屋前树木葱郁，主人正在屋内与朋友对坐闲谈。在悬崖的另一边山路蜿蜒曲折，山顶上松木苍翠，云雾缭绕，整幅画风格疏秀苍润。

秋风词

〔盛唐〕李白

秋风清，
秋月明，
落叶聚还散，
寒鸦栖复惊。
相思相见知何日？
此时此夜难为情！
入我相思门，
知我相思苦，
长相思兮长相忆，
短相思兮无穷极，
早知如此绊人心，
何如当初莫相识。

秋天的风是什么样的？是冷清的。秋天的月是什么样的？是明亮的。落叶在风中聚聚散散，已经休憩的乌鸦又被惊起。盼望着和朋友再相聚，可是具体时间没有人知晓。在这个季节，这样的夜晚，怎么能不为情而伤感。只有走进了相思之门，才知道相思的愁苦，长久的相思便是长久的回忆，短暂的相思却也像永无止境。早知道相思是如此让人牵绊，不如当初就不要相识。

秋风吹起的时候，行人都会裹紧棉衣，默默感叹一句：冬天，就快要到了。

《丹霞山十六景册》［明］萧云从

练字指导

上下结构的字。
上下同高，包围下部，
上部撇捺舒展写长，
横中间位置写竖，竖画要直，
三个横分长短，底横稍长。

这幅画的远处描绘了崇山峻岭，山石耸立。群山环抱着一座屋舍，屋前树木苍翠挺拔，一条小路曲曲折折，向大山深处蜿蜒。三个人坐在门前的石头上，看着秀丽的山景，手指前方，不知在交谈着什么。

七夕

【中唐】李贺

▲七夕：农历七月初七夜晚。

▲浦（pǔ）：水边。▲罗帷：丝质帐幕。▲鹊：喜鹊，相传牛郎和织女相见的鹊桥是用鹊群搭起来的。

▲曝（pù）衣楼：皇宫中帝后于七月初七晒衣服的地方。

▲金镜：圆月。▲玉钩：指新月、缺月，比喻人间别而重逢之意。▲苏小小：南齐时钱塘歌妓。

诗说

天河在天上隐隐显现，今天就是七夕了。诗人独自进入罗帐，到了半夜还在发愁。喜鹊辞别了人间穿线乞巧的少女准备去搭鹊桥，萤火也飞入了晒衣楼。牛郎织女两颗星星分开又相遇，人间的情侣也望着半弯缺月。这个时候，没有看到钱塘边的苏小小，她应该又是独自寂寞地度过了一个秋天。

小诗词知识

才华横溢的李贺

李贺七岁便能写诗做文章，才华横溢，他的才情能和李白、杜甫等诗人齐名。据李商隐记载，李贺写诗的时候，常常骑着驴苦吟诗，背着一个破背囊，一有灵感便立即写下来。

李贺的诗“辞尚奇诡”，他的想象力异于常人，他的“衰兰送客咸阳道，天若有情天亦老。”（《金铜仙人辞汉歌》）等诗句意境广漠无垠，感情深沉，都是千古名句。

《深山秋烟图》 陈师曾

筝

练字指导

上下结构的字。
上矮下高，上宽下窄，
上部左低右高，
下部竖钩位于中线位置，
全字最长的横画要写舒展。

画赏

群山耸立，峰峦叠嶂，山石间雾气氤氲。画家用笔墨点晕出山间的树木，溪水潺潺，一座石桥横跨其间。在山石间隐约可以见到几座房屋，整幅画意境幽远。

秋夜曲

【盛唐】王维

▲桂魄：即月亮。 ▲轻罗：轻盈的丝织品。 ▲已薄：已觉单薄。 ▲殷勤弄：频频弹拨。

月亮已经慢慢地升起来，这个时候的秋露渐渐稀薄。诗人已经躺下，身穿单薄的罗衣，并没有更换别的。无法入睡的诗人开始深情地拨弄起古筝，心中害怕独守空房，不想进屋睡觉。

听着琴声，在冷寂的秋夜你是否也会想起远方的亲人，更怜惜着孤独的自己呢？

▲折桂令·中秋：元代散曲；折桂令，曲牌名。

▲飞镜：比喻中秋之月。

▲玉露泠泠：月光清凉的样子。

▲银汉：天河。

▲婆娑：形容桂树影子舞动。

▲嫦娥：传说月宫中的仙女。

▲恹恹：精神萎靡的样子。

《丹霞山十六景册》［明］萧云从

山中一轮明月在空中高挂，高峻的山峰下，松林中掩映着几间茅屋，屋前流水潺潺，门前的小径直通高山深处，整个画面意境空旷辽阔。

折桂令·中秋

[元] 张养浩

一轮飞镜谁磨？
照彻乾坤，
印透山河。
玉露泠泠，
洗秋空银汉无波，
比常夜清光更多，
尽无碍桂影婆娑。
老子高歌，
为问嫦娥，
良夜恹恹，
不醉如何？

诗说

诗人抬头看月亮，发出了这样的疑问：这一轮飞上天空的明镜是谁磨制的呢？它照亮了乾坤，映透了山河。露水冷冷清清，洗得秋天的银河没有丝毫波澜，比平常的夜晚更加明亮了。纵使如此，也并没有妨碍月亮里的桂树展现它优美洒落的身影。诗人引吭高歌，并向月中的嫦娥发问：这美好的月夜，怎能不举杯畅饮，一醉方休呢？

不同的作者写月亮，会给人不一样的感受。

《寒江独钓图》 ［明］沈周

练字指导

常用偏旁之雨字头。
写雨字头时，
整体偏扁，
中间竖在字的正中间，
四点集中，靠近竖画，
左两点略低，右两点略高。

画面描绘了冬日江南的风景，河流对岸山峰耸立、怪石嶙峋，渔翁头戴斗笠，身披雨蓑，独自一人坐在船上，悠闲垂钓。风已经停止，水平如镜，整幅画给人宁静致远、悠然自得的感觉。

江雪

〔中唐〕柳宗元

▲千山：连绵无尽的山峦。 ▲绝：没有。 ▲万径：千万条路。 ▲踪：踪迹。 ▲蓑笠：蓑衣，斗笠。

所有的山中，飞鸟都已经飞走了，所有的路，都没有了行人的踪影。在江面的孤舟上，有一个渔翁披着蓑衣，戴着斗笠，正独自一人在寒冷的江面上垂钓，他的心里在想着什么呢？恐怕只有他自己知道。

独自在江边垂钓，顶着鹅毛的大雪，这样的人被柳宗元写进了诗里。

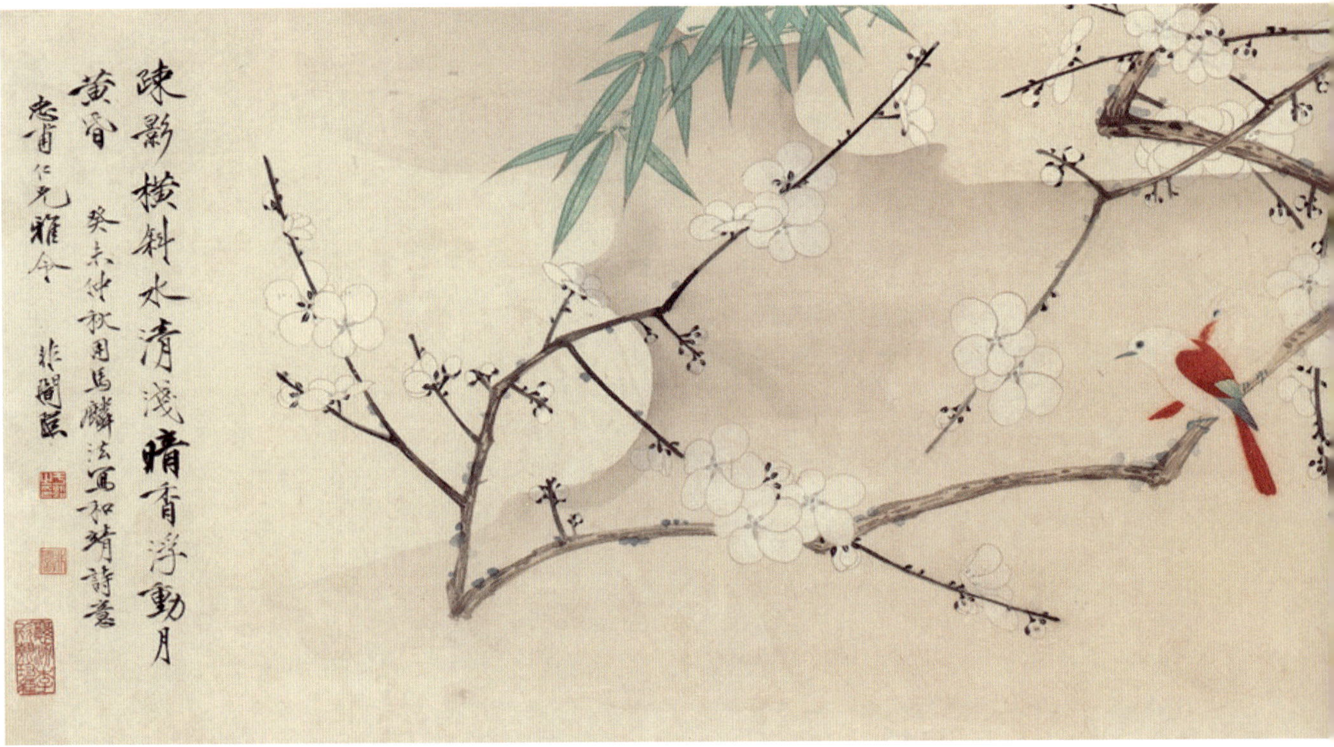

《雪梅丹雀图》 于非闇

雪白的梅花在枝头傲然绽放，清雅的香气引来丹雀在树间停留。整幅画色彩淡雅，翠竹的绿树色和丹雀的红色，为画面增添了一抹亮色，更显生趣。

雪梅

其一

【南宋】卢梅坡

梅雪争春未肯降▲，
骚人▲阁▲笔费评章▲。
梅须逊▲雪三分白，
雪却输梅一段香。

▲降（xiáng）：服输。 ▲骚（sāo）人：诗人。 ▲阁（gē）：同“搁”，放下。
▲评章：评议。 ▲逊：不及，比不上。

梅花和雪都认为自己装点了春色，谁也不肯认输。文人墨客们也为难，怎么也写不出评判谁更胜一筹的文章。诗人这时候却给出了公道的评价：梅花比雪少了三分的白，雪却没有梅花那么清香。

这样评价也告诉人们，每个人都有自己的优势和缺点。

《山窗封雪图》［清］王翚

练字指导

上下结构的字。
上高下矮，包围下部，
上部莫要紧凑，撇捺要舒展，
下部日要写在正中位置。

这幅画用笔轻灵，气韵生动。描绘了冬日树林掩映下茅屋显得格外萧条，地面苍茫一片，在茅屋的前方，横跨着一座桥，一位旅人背着行李赶路，是回家还是借宿呢？画中山石主要用渴笔淡墨，树木用浓墨，整体给人一种古雅明快之感。

逢雪宿芙蓉山主人

[中唐] 刘长卿

日暮苍山远，
天寒白屋贫。
柴门闻犬吠，
风雪夜归人。

▲日暮：傍晚的时候。

▲白屋：贫家住所。

▲柴门：用柴草编扎的门。

▲吠：狗叫。

▲归人：从外回家的人。

当傍晚降临的时候，青山在暮色中显得遥远，当天色寒冷的时候，简陋的茅草屋显得格外贫瘠。柴草门外忽然传来狗叫声，原来是有人冒着风雪回家了。

诗人用寥寥二十个字，便勾勒出一个严冬寒夜里的山村场景，这不仅仅是一首诗，也像是一幅画呢。

《雪堂客话图》［南宋］夏圭

山林房舍上覆盖着皑皑白雪，屋内两人品茶长谈，一渔夫冒着寒冷划桨驶来，打破了寒夜的宁静。画面左上方故意留白，杳渺无际，房前屋后树木光秃的枝干，为画面增添了一丝冷峻之感。

十二月十五夜

〔清〕袁枚

练字指导

独体字。
字形偏长，
起笔横稍稍倾斜，
中间横左右不连，
竖撇先竖再往左撇，
不要写成斜撇，
有交叉的地方要紧凑。

▲沉沉：指远处传来断断续续的声音。▲更（gēng）鼓：古时候打鼓报时刻，叫作“打更”，打更用的鼓叫作“更鼓”。▲一天：满天空。

沉闷的打更声越来越急切，忙碌的人们已渐渐入睡，街上吵闹的声音渐渐消失了。吹灭了油灯，窗外却更显明亮，原来是月亮照亮了漫天的大雪啊。

《九峰雪霁图》 ［元］黄公望

画赏

画家用墨笔勾画崇山叠石，九峰之间使用淡墨描绘出雪山层层叠叠，山石树木之间掩映着几户人家，错落有致。整幅画意境深远，表现出隆冬寒林萧索的气氛。

山中雪后

[清] 郑燮

晨起开门雪满山，
雪晴云淡日光寒。
檐流未滴梅花冻，
一种清孤不等闲。

▲淡：惨淡。

▲清孤：凄清孤独。

▲等闲：寻常，一般。

诗人清晨起来刚一开门，便看到了满山的大雪。这时候，天已经晴了，太阳也慢慢爬上了山，阳光照着云儿，更显得寒冷了。诗人房檐上的积雪还没有开始融化，院里的梅花也被冰雪凝固。这样一种清冷、孤寂的气氛，是多么的不寻常啊！

想一想，早晨起来推开门的一刹那，看见了到处都被白色的大雪覆盖着，是不是很惊喜呢？

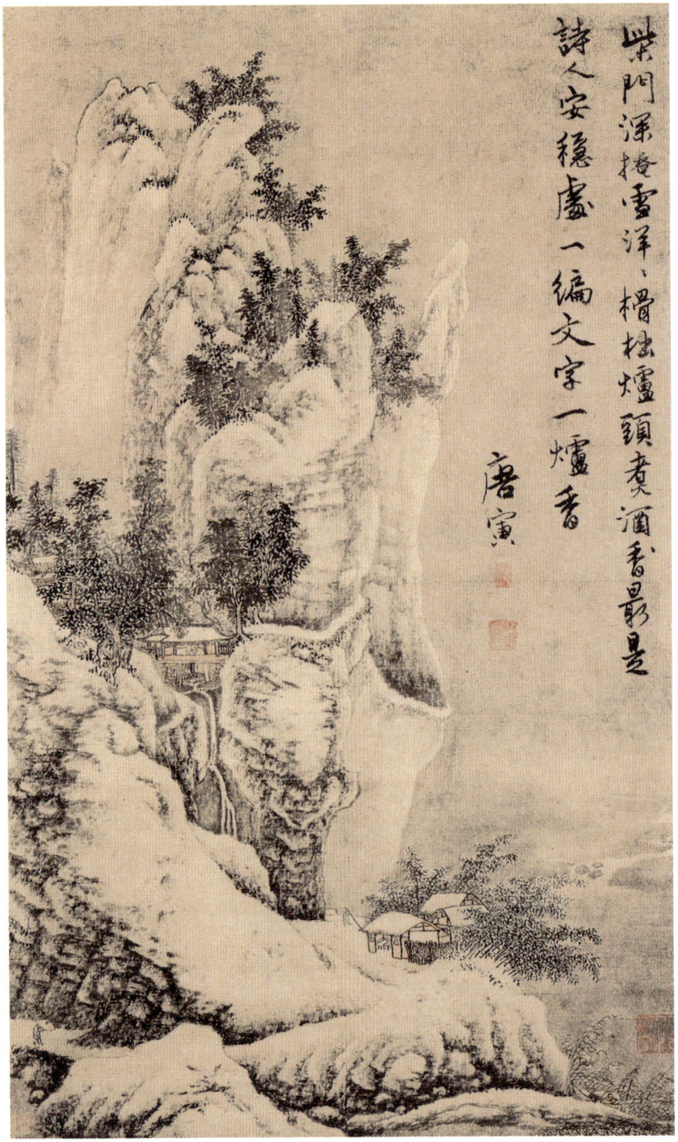

练字指导

左右结构的字。
左宽右窄，左大右小，
左边第二笔横画偏长，
捺收为点，
口偏右下位置，
两竖向内倾斜，呈上大下小。

《柴门掩雪图》［明］唐寅

在高山峻岭中，雪后山中十分幽静，路上一位行人撑着伞走在小径上。在竹林掩映中有一家酒肆，酒旗在寒风飘摇，一切的景物在冬日下都显得十分静谧。

夜雪

【中唐】白居易

▲讶：惊讶。▲衾（qīn）枕：被子和枕头。▲折竹声：指大雪压折竹子的声响。

诗人在一个寒冷的冬日夜晚，躺在被子里却丝毫感觉不到温暖，这让他感到非常诧异，抬头看见窗户被白雪的反光照亮，才发现原来是一个雪夜啊。到了夜深的时候，特别能感受到雪下的大，因为在安静的夜晚偶尔可以听到雪把枝丫压断的声音。

每到冬天睡觉的时候，是不是都感觉被子像冰一般寒冷？古人也不例外呢。

“诗佛”王维

王维精通诗、书、画、乐，他的诗看上去比较简单，但反复品味一下，就会觉得禅意绵绵。

“诗鬼”李贺

李贺拥有着丰富的想象力，他喜欢用神话传说来托古寓今。

小诗词知识

诗人的雅号

在古代，文人墨客都有着风雅的绰号，这些雅号展现了他们的人文情怀，也是对他们的诗词风格的总结。你知道“诗神”“诗魔”“诗仙”“诗圣”“诗佛”“诗鬼”分别是谁吗？

“诗神”苏轼

苏轼在诗、词、散文、书、画等各个方面都拥有着很高的成就，他的诗题材广泛，清新豪迈，善用夸张。

“诗魔”白居易

白居易的诗题材也很广泛，语通俗易懂。他作诗十分刻苦，据可以从中午一直写到傍晚。

“诗仙”李白

李白一生云游天下，是唐代著名的浪漫主义诗人，他的诗想象力丰富，磅礴大气，色彩绚丽。

“诗圣”杜甫

杜甫一生漂泊四方，深切体会到民间的疾苦，他的诗喜欢反映当时的社会现象，描绘了广阔地生活画面，境界较高。

兀然身寄世，
浩然心委化。
如此来四年，
一千三百夜。

《雪景图》［宋］佚名

山势高耸，山石嶙峋，大雪覆盖了山峰、林木还有山腰上掩映的房屋。在画的近处渔翁披蓑戴笠，独自坐在在江面上的渔船里垂钓。整幅画笔墨浓重润泽，给人萧瑟之感。

冬夜

【中唐】白居易

家贫亲爱散，
身病交游罢。
眼前无一人，
独掩村斋卧。
冷落灯火暗，
离披帘幕破。
策策窗户前，
又闻新雪下。
长年渐省睡，
夜半起端坐。
不学坐忘心，
寂莫安可过。

▲散：离散。 ▲游：流浪。 ▲斋（ zhāi ）：屋子。 ▲策（ cè ）策：拟声词。 ▲兀（ wù ）然：忽然。

诗说

诗人因为贫困，家里的人都散落在他乡。他自己一个人身染疾病，又到处流浪。眼前没有一个可以交心的人，眼下独自在村寨里躺着。灯火昏暗，帘布也都破败了。这个时候，又听见窗外下起了第一场冬雪。这是多么孤寂的时候啊。诗人独自在这个世界上，心已经慢慢冷淡了。像这样的日子已经有四年了，一共有一千三百个夜晚。

如果在寒冷的冬天，身有疾病的你独自在他乡，没有任何可以亲近的人，会是什么样的心情呢？白居易的这首诗，写的就是这样的心境。

《山阴泛雪图》［清］王犖

练字指导

左右结构的字。
左宽右窄，左高右低，
左边竖画起笔较高，
右边竖画落笔较低。

▲春华：春天的风貌。

▲萋（qī）萋：草木繁茂的样子。

▲漠漠：寂静无声。

▲老柘（zhè）：年限比较长的柘树。

▲闲：清闲。

这是一幅山间雪景图。山林丘壑高低起伏，房屋和山石交错掩映，大片白雪营造出隽雅华丽的气氛。在山石上一隐士置身于苍茫的雪景中，身后的童子左手抱着琴，右手指着远方回首和主人说些什么。氤氲苍茫的画面中，表现出文人雅士的闲适之趣。

早冬

〔中唐〕白居易

十月江南天气好，
可怜冬景似春华。
霜轻未杀萋萋草，
日暖初干漠漠沙。
老柘叶黄如嫩树，
寒樱枝白是狂花。
此时却羡闲人醉，
五马无由入酒家。

十月的江南，天气格外好。冬天的景色，就像春天一般可爱。寒霜很温柔，并没有冻死小草，暖暖的日光晒干了大地。古老的柘树叶子已经变黄了，可是树仍然像初生的一样。樱花枝头竟然还长出了白色的花儿。这个时候，诗人是多么羡慕饮酒时的那份清闲啊。自己也不知不觉地走进了酒家。

书写练习（同步临摹）

秋词
刘禹锡
自古逢秋悲寂寥，
我言秋日胜春朝。
晴空一鹤排云上，
便引诗情到碧霄。
9
文中对应页

雪梅 29
卢梅坡
梅雪争春未肯降，
骚人阁笔费评章。
梅须逊雪三分白，
雪却输梅一段香。

绘画作品索引（仅为本册索引）

全套诗词索引（按诗人朝代和出生先后来排序）

盛唐诗歌

中唐诗歌

晚唐诗歌

北宋诗歌

南宋诗歌

元明清诗歌

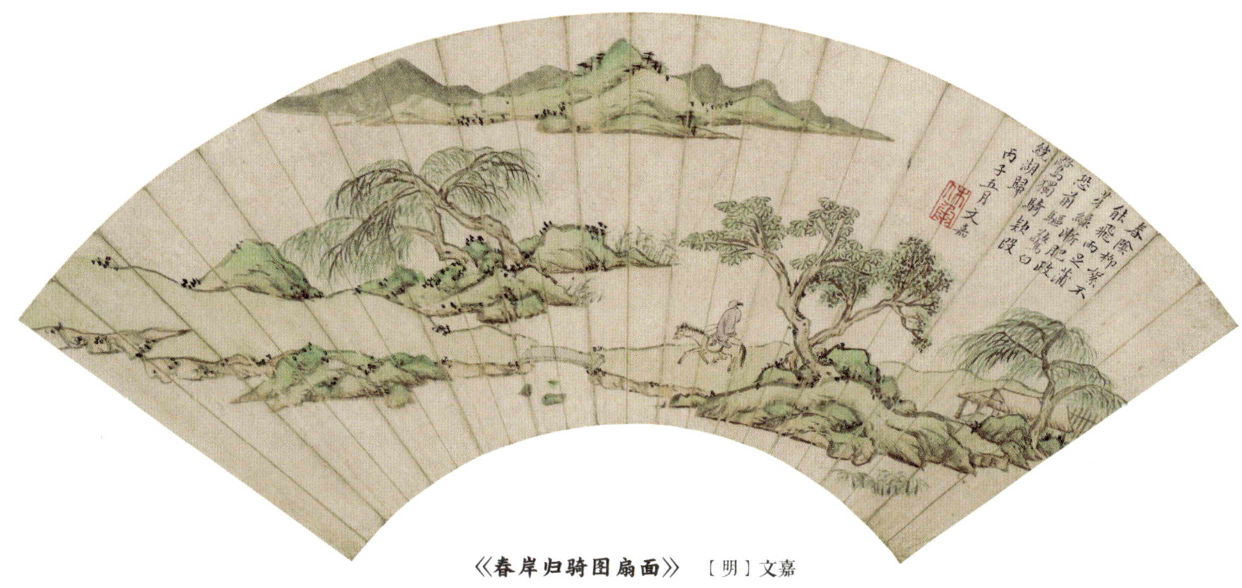

《春岸归骑图扇面》［明］文嘉

编委会

图书在版编目（CIP）数据

你好啊，小诗词．收拾秋冬意 / 王迎新编著 ； 霜豪绘．-- 北京 ： 中国铁道出版社有限公司， 2021.5
ISBN 978-7-113-27736-9

Ⅰ．①你… Ⅱ．①王… ②霜… Ⅲ．①古典诗歌—中国—中学—课外读物 Ⅳ．①G634.303

中国版本图书馆 CIP 数据核字（2021）第 026344 号

书　　名：你好啊，小诗词：收拾秋冬意
NI HAO A，XIAOSHICI：SHOUSHI QIUDONG YI
作　　者：王迎新
插　　图：霜　豪
策划编辑：聂浩智　郭景思
责任编辑：郭景思　　**电子信箱：**guojingsi@sina.cn
责任印制：赵星辰
出版发行：中国铁道出版社有限公司（100054，北京市西城区右安门西街 8 号）
印　　刷：北京柏力行彩印有限公司
版　　次：2021 年 5 月第 1 版　　2021 年 5 月第 1 次印刷
开　　本：889 mm×1194 mm　1/24　印张：24　字数：640 千
书　　号：ISBN 978-7-113-27736-9
定　　价：198.00 元（全 8 册）